HEGE MARIE KÖSTER

Bonbons & Karamell

SELBST GEMACHT

südwest

Inhalt

Bonbons selbst gemacht

Sie halten in Ihrer Hand ein nicht ganz ungefährliches Kochbuch. Nicht nur, dass es bei der Bonbonkocherei heiß zugeht, einige der Bonbons, Fudges, Karamellen und Co. machen regelrecht süchtig. Und mit so frischen Bonbons, dass sie noch warm sind, bringt man nicht nur Kinderaugen zum Strahlen!

Bonbons für besondere Momente

In den Rezepten werden Naturfarbstoffe verwendet. Diese werden trotz ihrer natürlichen Herkunft auch mit einer E-Nummer versehen: Chlorophyll (E 140) ist beispielsweise der Farbstoff des Blattgrüns, Betanin (E 162) kann aus Rote-Bete-Saft hergestellt werden.

Vielleicht stellt sich die Frage, warum Bonbons selbst machen, wo man doch so eine riesige Auswahl fertig kaufen kann. Aber haben Sie schon mal einen noch lauwarmen Pfefferminzbonbon gegessen? Ober ganz frischen Haselnusstoffee? (Diese einmaligen Genussmomente waren der Autorin und ihrer Familie in der Entwicklungszeit dieses Kochbuchs vergönnt und haben alle sehr verwöhnt.) Im Gegensatz zur industriellen Massenproduktion bieten die liebevoll gefertigten Bonbons die Möglichkeit, auf individuelle Vorlieben einzugehen, und die eigene Herstellung erinnert daran, wie frühere Generationen die süßen Kleinigkeiten in bester Handarbeit hergestellt haben. Außerdem ist es schön zu wissen, dass bei den meisten der Rezepte nur natürliche Zutaten verwendet werden. Wer auf Farbstoffe ganz verzichten möchte, kann diese aus den Rezepten einfach streichen. So weiß man genau, was man seinen Kindern und Freunden gibt. Und oft bekommt man selbst gemachte Bonbons wahrlich nicht! Sie sind ein perfektes Gastgeschenk, oder man kann zum nächsten Kindergeburtstag Bonbons in der gewünschten Geschmacksrichtung und Größe herstellen.

So begeistert Kinder von der Idee des Bonbonmachens sein werden: Es ist dringend zu empfehlen, alle Rezepte mit sehr heißem Zucker zunächst selbst auszuprobieren und die möglichen Gefahren (beispielsweise Verbrennen) optimal zu kontrollieren. Am besten erst zur Endverarbeitung der Masse die Kinder einbeziehen – oder direkt zu Testschleckern werden lassen. Für eine gemeinsame Küchenparty eignen sich die Fudgerezepte besser.

Der süße Unterschied

Sie fragen sich, wo der Unterschied zwischen Bonbons, Karamell, Fudge und Toffee liegt? Es gibt keine ganz strikte Trennung, dennoch lassen sich einige Hauptmerkmale der einzelnen Sorten zusammenfassen:

Bei **Bonbons** handelt es sich allgemein um eine Süßigkeit, die durch Einkochen einer Zuckerlösung in Verbindung mit geschmacksgebenden Aromen hergestellt wird.

Karamell ist der Überbegriff für eine aus Zucker und Sahne hergestellte Süßigkeit. Dabei wird der Zucker karamellisiert, um den charakteristischen Geschmack zu bekommen. Es gibt weiche und harte Sorten wie z. B. Toffee und Fudge.

Toffee ist ein hartes oder zähes Karamell, das meist durch die Zugabe von Nüssen oder Früchten angereichert wird.

Als **Fudge** wurde früher ein weiches Karamellkonfekt bezeichnet, heute wird er vor allem in Zusammenhang mit dem Trend der amerikanischen Coffeeshops z. B. als Schokoladenfudge angeboten. Fudge ist ein immer weiches Konfekt, das sich in so gut wie allen Geschmacksrichtungen herstellen lässt. Für die Grundmasse werden Milch (oder Sahne), Zucker und je nach Rezept Butter eine Zeit lang ohne zu kochen erhitzt, in einer flachen Form abgekühlt und zerschnitten. In der Konsistenz ist Fudge mürbe und aufgrund des Kuvertüreanteils leicht cremig.

Der Begriff »Bonbon« soll angeblich entstanden sein, als König Henri IV. zu seiner Hochzeit 1572 Zuckerwaren anbieten ließ. Zucker war zu der Zeit eine Luxusware und den Adeligen vorbehalten. Die Kinder freuten sich sehr über das Naschwerk und riefen vor Glück »Bon! Bon!« (französisch für »Gut! Gut!«) – so entstand der Begriff Bonbon. Wie schön, dass die Zuckerpreise gesunken sind und wir nun alle diese kleinen Köstlichkeiten genießen können.

Das 1, 2, 3 der Bonbonkocherei

Bevor Sie mit der Produktion starten, achten Sie bitte darauf, sehr saubere Werkzeuge (auch Töpfe) und Zutaten zu verwenden. Verunreinigungen können schnell dazu führen, dass der Zucker kristallisiert. Rühren Sie den kochenden Zucker nicht um – das kann auch zum Kristallisieren führen.

Bei den meisten Rezepten in diesem Buch werden die Zutaten stark erhitzt. Also bitte vorsichtig mit den heißen Flüssigkeiten umgehen. Um Ihnen die Süßigkeitenproduktion zu erleichtern, hier einige Tipps:

1. Dem Kochbuch ist im Set auch ein Zuckerthermometer beigelegt. Verwenden Sie es und halten Sie sich an die in den Rezepten angegebenen Temperaturen. Wenn die Masse die richtige Temperatur erreicht hat, sollte das Thermometer anschließend sofort in einen Behälter mit heißem Wasser gestellt werden, damit sich der flüssige Zucker wieder löst und nicht fest wird.

2. Bei den meisten Bonbonrezepten wurde zur Herstellung eine leicht geölte Silikonmatte verwendet. Man kann die Rezepte auch auf einer Marmorplatte herstellen, allerdings ist es viel einfacher auf der Silikonmatte. Die Matte sollte mindesten eine Größe von 40 mal 50 Zentimetern haben, damit die Zuckermasse genug Platz hat, um sich auszubreiten.

3. Die Bonbonmasse muss zügig verarbeitet werden, denn sie wird schnell zu hart, um sie zu formen. Wer am Anfang das Gefühl hat, dass die Masse zu schnell fest wird, kann einen Teil der Masse auf einer Silikonmatte oder auf leicht geöltem Backpapier im Backofen bei 80 bis 100 °C (Umluft nicht geeignet) warm halten. Wer hat, kann auch eine Rotlichtlampe zum Warmhalten der Bonbonmasse verwenden.

4. Bei der Bonbonherstellung sind ein Paar dicke Gummihandschuhe ein Muss. Am besten sogar mit einem Paar Baumwollhandschuhen darunter als extra Wärmeschutz. Die Bonbonmassen sind sehr heiß, und mit den Handschuhen lassen sie sich gut verarbeiten. Vor dem Verarbeiten werden die Handschuhe idealerweise noch mit ein wenig Öl eingerieben.

5. Damit die Bonbons gut gelingen, sollte alles, was Sie brauchen, vor Beginn der Zubereitung bereitgestellt werden – auch Bleche mit Backpapier, um die Bonbons abkühlen zu lassen. Außerdem sollte darauf geachtet werden, dass der Arbeitsraum nicht zu kalt ist, sonst wird die Bonbonmasse zu schnell fest.

6. Die Töpfe mit gekochtem Zucker lassen sich ganz leicht säubern, indem man Wasser einfüllt und dieses zum Kochen bringt. Der Zucker löst sich langsam im heißen Wasser auf, dann kann er einfach ausgegossen werden.

Die Bonbonmasse mit einem Spachtel immer wieder zusammenfalten (Bild links). Die Masse in eine Ecke der Silikonmatte einschlagen und mit einem Geschirrtuch warm halten (Bild rechts).

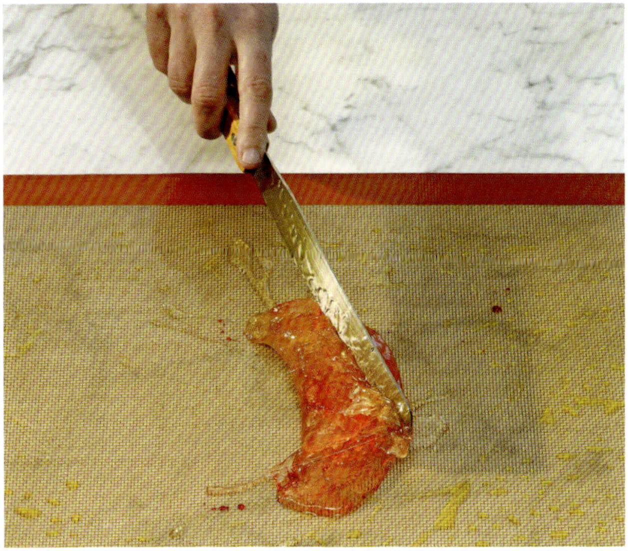

Bei der Herstellung von Fudge können Sie Ihrer Kreativität mehr oder weniger freien Lauf lassen. Variieren Sie die in den Rezepten angegebenen Nüsse, Liköre oder Trockenfrüchte, geben Sie Ihre Lieblingszutaten dazu. Achten Sie jedoch darauf, diese erst in die fertig gekochte Masse zu rühren und nicht zu viel Flüssigkeit zuzugeben.

7. Die Rezepte in diesem Kochbuch sind so zusammengestellt worden, dass man die meisten Zutaten im Supermarkt bekommt. Nur leider engt das die Variationsmöglichkeiten stark ein. Eine größere Vielfalt an Geschmäckern gibt es in der Apotheke, im Bioladen, im Reformhaus oder im Internet, wo man viele verschiedene Aromaöle oder Fruchtaromen kaufen kann. Bei den Ölen sollte man auf Bioqualität achten oder nachfragen, ob die Öle lebensmitteltauglich sind. In den meisten Rezepten können die Aromen ausgetauscht werden. Aber zunächst vorsichtig dosieren, denn die Geschmacksintensivität variiert.

8. Glukosesirup (auch Bonbonsirup) ist ein Zaubermittel. Einige Rezepte wurden während der Rezeptentwicklung ohne Glukosesirup ausprobiert, führten aber zu keinem zufriedenstellenden Resultat. Glukosesirup verhindert das Kristallisieren des Zuckers, und die Massen bleiben geschmeidig. Glukosesirup kann man über verschiedene Internetanbieter kaufen oder man kann den Bäcker oder Konditor seines

Die Bonbonmasse mit den Händen so lange kneten, bis sie fest genug zum Verarbeiten ist.

Vertrauens fragen, ob er etwas verkauft. Die klebrige Masse portioniert man am besten mit einem nassen Löffel.

9. Bei hoher Luftfeuchtigkeit (über 50 Prozent) gelingen Bonbons nicht so gut. Sie werden sehr schnell klebrig. Produzieren Sie daher die Bonbons nicht an schwülen Sommertagen, sondern warten Sie lieber auf trockeneres Klima.

10. Bonbons lassen sich gut in sauberen, trockenen Gläsern oder Blechdosen aufbewahren. Feuchtigkeit macht die Bonbons klebrig, und daher sollten sie nie im Kühlschrank aufbewahrt werden. Bonbons, die mit Traubenzucker hergestellt wurden, werden schneller klebrig als andere. Diese kann man gut mit Zellophanfolie einwickeln, damit sie nicht aneinanderkleben. Fudge, Toffee und Karamell sollten ebenfalls nicht im Kühlschrank gelagert werden, sondern eher in kühlen und trockenen Räumen – am allerbesten zwischen Schichten von Backpapier in Blech- oder Plastikdosen.

Die Masse zu einer Rolle formen (Bild links). Die Rolle vor jedem Schnitt um 90 ° drehen, um dreieckige Bonbons herzustellen (Bild rechts).

Lea
Tara

kleines Laster

Bonbons verpacken

Wer die Mühe und Arbeit nicht gescheut und jetzt schöne Bonbons oder Fudges zu verschenken hat, sollte sich auch ein wenig Zeit zum Verpacken nehmen. Grundsätzlich sieht es hübsch aus, wenn die einzelnen Bonbons in Zellophanfolie eingewickelt und diese links und rechts zusammengedreht wird – so kennen und lieben wir Bonbons. Hier aber noch ein paar weitere Vorschläge, wie die süßen Köstlichkeiten kreativ verpackt zu individuellen Geschenken werden.

Für die bessere Übersicht

Gläser mit selbst entworfenen Etiketten bekleben und die Bonbons einfüllen. Für Kindergeburtstage kann das Geburtstagskind die Gläser mit eigenen Aufklebern oder Namensstickern verschönern oder zusätzlich mit Überraschungseierfiguren und Geschenkband schmücken. Dieses tolle Geschenk werden die eingeladenen Kinder gerne mit nach Hause nehmen (Bild links oben).

Für Süchtige

Die Ladefläche eines Spielzeuglasters mit Bonbons füllen, in Zellophanfolie einschlagen und mit passenden bunten Bändern zusammenbinden. Mit einem Schildchen verzieren, auf dem »Kleines Laster« steht (Bild rechts oben).

Für Nostalgiker

Eine Krämerschaufel (erhältlich im Spielwarengeschäft; ist Zubehör für Kaufmannsläden) mit Karamellbonbons füllen, in Zellophanfolie einschlagen und mit schönen bunten Bändern oder Schleifen verschnüren (Bild links unten).

Für Ordnungsliebende

Kleine Schachteln mit Pralinenförmchen füllen (aus Aluminium oder Papier; erhältlich im gut sortierten Supermarkt oder im Geschäft für Küchenzubehör), die dann jeweils mit einem Fudgewürfel oder einer Herrenkugel gefüllt werden. Man kann auch verschiedene Sorten einfüllen – so entstehen individuelle Bonbonschachteln, die kreative Alternative zur Pralinenschachtel (Bild rechts unten).

Bonbons, Lutscher & Co.

Hier kommen 14 süße Kracher! Ob Bärchenschlecker, Colastangen und gefüllte Zitronenbonbons für die Kleinen oder Pharisäerbonbons und Wachmacher für große Naschkatzen – bei dieser Auswahl findet jeder seinen ganz persönlichen Bonbonliebling.

Eukalyptusbonbons

Zutaten für ca. 70 Stück

neutrales Öl zum Verarbeiten
400 g Zucker
2 EL Glukosesirup
flüssige grüne Lebensmittelfarbe
10–12 Tropfen Eukalyptusöl (Bioqualität; aus der Apotheke)
Backpapier

Zubereitungszeit
ca. 30 Minuten
(plus Wartezeiten)

Dieses Rezept finden Sie auf Seite 12 rechts abgebildet.

Zubereitung

1 Eine Silikonmatte (oder eine Marmorplatte) mit wenig Öl bestreichen.

2 100 Milliliter Wasser, Zucker und Glukosesirup in einem Topf mischen und ohne Rühren zum Kochen bringen. Zuckerthermometer in den Topf hängen; sobald die Masse 152 °C erreicht, den Topf sofort vom Herd nehmen und kurz in kaltes Wasser tauchen.

3 Die Zuckermasse auf die Silikonmatte gießen. Einige Tropfen grüne Lebensmittelfarbe auf die Masse geben und mit einem geölten Spachtel die Masse vom Rand zur Mitte hin immer wieder zusammenfalten. Eukalyptusöl auf die Masse tropfen und ebenfalls unterfalten. Mithilfe der Matte die Masse so lange übereinanderschlagen, bis sie gut verarbeitet werden kann.

4 Die Masse halbieren, einen Teil in eine Ecke der Silikonmatte schlagen und mit einem Geschirrtuch warm halten. Bonbonmasse zügig zu einer Rolle (Durchmesser ca. 1 Zentimeter) formen und mit einer Schere in kleine Stücke teilen. Die Stücke mit Abstand zueinander auf Backpapier geben und auskühlen lassen. Die restliche Bonbonmasse wie beschrieben verarbeiten.

5 Bonbons in Gläser oder Tüten füllen.

Variante *Für Pfefferminzbonbons statt Eukalyptusöl 10 bis 12 Tropfen Pfefferminzöl verwenden und die grüne Lebensmittelfarbe weglassen.*

Wachmacherbonbons

Zubereitung

1 Eine Silikonmatte (oder eine Marmorplatte) mit wenig Öl bestreichen.

2 75 Milliliter Wasser, Zucker, Traubenzucker und Espressopulver in einem Topf mischen und bei kleiner Hitze erwärmen, bis der Zucker und Traubenzucker sich aufgelöst haben. Bei starker Hitze ohne Rühren zum Kochen bringen. Zuckerthermometer in den Topf hängen; sobald die Masse 152 °C erreicht, den Topf sofort vom Herd nehmen und kurz in kaltes Wasser tauchen.

3 Die Zuckermasse auf die Silikonmatte gießen und kurz abkühlen lassen. Mit einem geölten Spachtel die Masse vom Rand zur Mitte hin immer wieder zusammenfalten. Mithilfe der Matte die Masse so lange übereinanderschlagen, bis sie gut verarbeitet werden kann.

4 Die Masse halbieren, einen Teil in eine Ecke der Silikonmatte schlagen und mit einem Geschirrtuch warm halten. Bonbonmasse zügig zu einer Rolle (Durchmesser ca. 1 Zentimeter) formen und mit einer Schere in kleine Stücke teilen. Die Stücke mit Abstand zueinander auf Backpapier geben und auskühlen lassen. Die restliche Bonbonmasse wie beschrieben verarbeiten.

5 Bonbons in Gläser oder Tüten füllen.

Dieses Rezept finden Sie auf Seite 2 links abgebildet.

Zutaten für ca. 50 Stück

neutrales Öl zum Verarbeiten

300 g Zucker

40 g Traubenzucker mit Kakaogeschmack

3–4 TL lösliches Espressopulver

Backpapier

Zubereitungszeit
ca. 30 Minuten
(plus Wartezeiten)

Prickelnde Colastangen

Zutaten für ca. 25 Stück

neutrales Öl zum Verarbeiten

20 g Brausepulverbonbons mit Colageschmack

300 g Zucker

1 EL Glukosesirup

1/2 TL Zitronensäure

Zubereitungszeit
ca. 30 Minuten
(plus Wartezeiten)

Zubereitung

1 Eine Silikonmatte (oder eine Marmorplatte) mit wenig Öl bestreichen. Brausepulverbonbons in einem Mörser sehr fein zerstoßen.

2 75 Milliliter Wasser, Zucker und Glukosesirup in einem Topf mischen und ohne Rühren zum Kochen bringen. Zuckerthermometer in den Topf hängen; sobald die Masse 152 °C erreicht, den Topf sofort vom Herd nehmen und kurz in kaltes Wasser tauchen.

3 Die Zuckermasse auf die Silikonmatte gießen. Zitronensäure auf die Masse geben und mit einem geölten Spachtel die Masse vom Rand zur Mitte hin immer wieder zusammenfalten. Mithilfe der Matte die Masse so lange übereinanderschlagen, bis sie gut verarbeitet werden kann. Das Colapulver einkneten.

4 Die Masse immer wieder lang ziehen und zusammenschlagen, bis sie eine milchig-braune Farbe hat. Bonbonmasse zügig zu 25 kleinen Stangen rollen (Durchmesser ca. 1/2 Zentimeter). Bonbonstangen völlig erkalten lassen.

5 Stangen in Gläser oder Tüten füllen.

Hustenbonbons

Zutaten für ca. 60 Stück

200 g Zwiebeln
Backpapier
neutrales Öl zum Verarbeiten
300 g Zucker
2 EL Glukosesirup
6–8 Tropfen Kampferöl (aus der Apotheke; kann auch weggelassen werden)

Zubereitungszeit
ca. 30 Minuten (plus Wartezeiten)

Zubereitung

1 Zwiebeln abziehen und grob würfeln. Zwiebelwürfel und 250 Milliliter Wasser zum Kochen bringen und bei geringer Hitze 20 Minuten kochen lassen. Zwiebeln in ein sehr feines Sieb gießen und dabei den Sud auffangen. 75 Milliliter Sud abmessen.

2 Backpapier in eine hitzebeständige Form geben (ca. 15 mal 15 Zentimeter) und mit wenig Öl bepinseln.

3 Zwiebelsud, Zucker und Glukosesirup in einem Topf mischen und ohne Rühren zum Kochen bringen. Zuckerthermometer in den Topf hängen; sobald die Masse 152 °C erreicht, den Topf sofort vom Herd nehmen und kurz in kaltes Wasser tauchen. Kampferöl unterrühren.

4 Die Zuckermasse auf das Backpapier gießen und abkühlen lassen. Sobald die Masse fest zu werden beginnt, mit einem geölten Spachtel die Masse in kleine Bonbons teilen. Wenn die Masse völlig erstarrt ist, die Bonbons in Stücke brechen.

5 Bonbons in Gläser oder Tüten füllen.

Salbeibonbons

Zubereitung

1 Backpapier in eine hitzebeständige Form geben (ca. 15 mal 15 Zentimeter) und mit wenig Öl bepinseln.

2 75 Milliliter Wasser mit Zucker und Glukosesirup in einem Topf mischen und ohne Rühren zum Kochen bringen. Zuckerthermometer in den Topf hängen; sobald die Masse 152 °C erreicht, den Topf sofort vom Herd nehmen und kurz in kaltes Wasser tauchen. Salbeiöl und Zitronensäure unterrühren.

3 Die Zuckermasse auf das Backpapier gießen und abkühlen lassen. Sobald die Masse fest zu werden beginnt, mit einem geölten Spachtel die Masse in kleine Bonbons teilen. Wenn die Masse völlig erstarrt ist, die Bonbons in Stücke brechen.

4 Bonbons in Gläser oder Tüten füllen.

Variante *Statt dem Salbeiöl aus 3 Beuteln Salbeitee und 75 Millilitern Wasser einen kräftigen Aufguss herstellen und mit dem Zucker aufkochen.*

Zutaten für ca. 60 Stück

Backpapier

neutrales Öl zum Verarbeiten

300 g Zucker

1 EL Glukosesirup

10 Tropfen Salbeiöl

1/2 TL Zitronensäure

Zubereitungszeit
ca. 30 Minuten
(plus Wartezeiten)

Gefüllte Zitronenbonbons

Zutaten für ca. 60 Stück

neutrales Öl zum Verarbeiten
je 3 Tütchen Zitronen- und Orangenbrausepulver
400 g Zucker
2 EL Glukosesirup
flüssige gelbe Lebensmittelfarbe
1 Fläschchen Zitronenaroma
1/2 TL Zitronensäure
Backpapier

Zubereitungszeit
ca. 45 Minuten
(plus Wartezeiten)

Dieses Rezept finden Sie auf dem Cover abgebildet.

Zubereitung

1 Eine Silikonmatte (oder eine Marmorplatte) mit wenig Öl bestreichen. Brausepulver in einer kleinen Schüssel mischen.

2 100 Milliliter Wasser, Zucker und Glukosesirup in einem Topf mischen und ohne Rühren zum Kochen bringen. Zuckerthermometer in den Topf hängen; sobald die Masse 152 °C erreicht, den Topf sofort vom Herd nehmen und kurz in kaltes Wasser tauchen.

3 Die Zuckermasse auf die Silikonmatte gießen. Einige Tropfen gelbe Lebensmittelfarbe auf die Masse geben und mit einem geölten Spachtel die Masse vom Rand zur Mitte hin immer wieder zusammenfalten. Zitronenaroma und -säure auf die Masse tropfen und ebenfalls unterfalten. Mithilfe der Matte die Masse so lange übereinanderschlagen, bis sie gut verarbeitet werden kann.

4 Die Masse halbieren, einen Teil in eine Ecke der Silikonmatte schlagen und mit einem Geschirrtuch warm halten. Bonbonmasse zügig zu einer Rolle formen (ca. 30 Zentimeter) und flach drücken (ca. 8 Zentimeter breit). In die Mitte des Fladens Brausepulver streuen und die Bonbonmasse über das Pulver schlagen. Die Rolle auf eine Länge von 45 Zentimetern ausrollen und mit einer Schere in kleine Stücke teilen. Die Stücke mit Abstand zueinander auf Backpapier geben und auskühlen lassen. Die restliche Bonbonmasse wie beschrieben verarbeiten. Bonbons in Gläser oder Tüten füllen.

Orangentropfen

Zutaten für ca. 60 Sück

1 Bioorange

300 g Zucker

neutrales Öl zum Verarbeiten

1 EL Glukosesirup

flüssige gelbe Lebensmittelfarbe

8–10 Tropfen Orangenöl

1/2 TL Zitronensäure

Backpapier

Zubereitungszeit
ca. 45 Minuten
(plus Wartezeiten)

Zubereitung

1 Orange heiß waschen, abtrocknen, die Schale fein abreiben und mit 200 Gramm Zucker in einem Mörser gut vermengen. Auf einem Blech ausbreiten und über Nacht trocknen lassen.

2 Eine Silikonmatte (oder eine Marmorplatte) mit wenig Öl bestreichen. 50 Milliliter Wasser, 100 Gramm Zucker und Glukosesirup in einem Topf mischen und ohne Rühren zum Kochen bringen. Zuckerthermometer in den Topf hängen; sobald die Masse 152 °C erreicht, den Topf sofort vom Herd nehmen und kurz in kaltes Wasser tauchen.

3 Die Zuckermasse auf die Silikonmatte gießen. Lebensmittelfarbe, Orangenöl und Zitronensäure auf die Masse geben und mit einem geölten Spachtel die Masse vom Rand zur Mitte hin immer wieder zusammenfalten. Mithilfe der Matte die Masse so lange übereinanderschlagen, bis sie gut verarbeitet werden kann.

4 Die Masse halbieren, einen Teil in eine Ecke der Silikonmatte schlagen und mit einem Geschirrtuch warm halten. Bonbonmasse zügig zu einer Rolle mit einer Länge von ca. 50 Zentimetern ausrollen. Die Rolle im Orangenzucker wälzen und mit einer Schere in kleine Stücke teilen. Die Stücke mit Abstand zueinander auf Backpapier geben und auskühlen lassen. Die restliche Bonbonmasse wie beschrieben verarbeiten. Bonbons in Gläser oder Tüten füllen.

Dieses Rezept finden Sie auf Seite 12 links abgebildet.

Himbeer-Minz-Stücke

Zutaten für ca. 80 Stück

neutrales Öl zum Verarbeiten

300 g Zucker

1 EL Glukosesirup

10–12 Tropfen Pfefferminzöl (aus der Apotheke)

flüssige rote Lebensmittelfarbe

3 Tütchen Brausepulver mit Himbeergeschmack

1 Msp. Zitronensäure

Backpapier

Zubereitungszeit
ca. 40 Minuten
(plus Wartezeiten)

Zubereitung

1 Eine Silikonmatte (oder eine Marmorplatte) mit wenig Öl bestreichen.

2 75 Milliliter Wasser, Zucker und Glukosesirup in einem Topf mischen und ohne Rühren zum Kochen bringen. Zuckerthermometer in den Topf hängen; sobald die Masse 152 °C erreicht, den Topf sofort vom Herd nehmen und kurz in kaltes Wasser tauchen.

3 Die Zuckermasse auf die Silikonmatte gießen. Pfefferminzöl auf die Masse geben und mit einem geölten Spachtel die Masse vom Rand zur Mitte hin immer wieder zusammenfalten. Mithilfe der Matte die Masse immer wieder übereinanderschlagen, bis sie gut verarbeitet werden kann.

4 Die Masse halbieren, einen Teil in eine Ecke der Silikonmatte schlagen und mit einem Geschirrtuch warm halten. Lebensmittelfarbe, Brausepulver und Zitronensäure unter eine Hälfte kneten und zu einer Rolle formen. In eine Ecke der Silikonmatte schlagen und warm halten. Zweiten Teil der Masse immer wieder lang ziehen, bis die Masse weiß wird. Beide Massen spiralenartig ineinander flechten, zügig zu mehreren kleinen Rollen formen (Durchmesser ca. 1 Zentimeter) und auf Backpapier geben. Bonbonrollen erkalten lassen.

5 Die harten Stangen mit ein wenig Schwung über einen Messerrücken schlagen, um sie in kleine Stücke zu teilen. Bonbons in Gläser oder Tüten füllen.

Kirschbonbons mit Kaukern

Zubereitung

1 Eine Silikonmatte (oder eine Marmorplatte) mit wenig Öl bestreichen. Kaubonbonstreifen auspacken und einzeln zu kleinen länglichen Rollen formen.

2 75 Milliliter Wasser, Zucker und Traubenzucker in einem Topf mischen und bei geringer Hitze erwärmen, bis Zucker und Traubenzucker sich aufgelöst haben. Bei starker Hitze ohne Rühren zum Kochen bringen. Zuckerthermometer in den Topf hängen; sobald die Masse 152 °C erreicht, den Topf sofort vom Herd nehmen und kurz in kaltes Wasser tauchen.

3 Die Zuckermasse auf die Silikonmatte gießen. Lebensmittelfarbe und Zitronensäure auf die Masse geben und mit einem geölten Spachtel die Masse vom Rand zur Mitte hin immer wieder zusammenfalten. Mithilfe der Matte die Masse so lange übereinanderschlagen, bis sie gut verarbeitet werden kann.

4 Die Masse halbieren, einen Teil in eine Ecke der Silikonmatte schlagen und mit einem Geschirrtuch warm halten. Bonbonmasse zügig zu einer Rolle (ca. 30 Zentimeter) formen und flach drücken. 3 Kaubonbonrollen nacheinander mittig auf die Bonbonmasse geben und einschlagen. Zu einer Rolle formen und mit einer Schere in kleine Stücke teilen.

5 Restliche Bonbonmasse wie beschrieben verarbeiten. Die Stücke mit Abstand zueinander auf Backpapier geben und auskühlen lassen. Bonbons einzeln in Zellophanfolie wickeln, da sie schnell klebrig werden.

Zutaten für ca. 60 Stück

neutrales Öl zum Verarbeiten

6 Kaubonbonstreifen mit Kirschgeschmack (insgesamt 100 g)

300 g Zucker

40 g Traubenzucker mit Kirschgeschmack

rote Lebensmittelfarbe

1/2 TL Zitronensäure

Backpapier

Zubereitungszeit
ca. 45 Minuten
(plus Wartezeiten)

Leckmuscheln

Zutaten für ca. 30 Stück

ca. 30 Muschelschalen (sauber, ausgekocht und trocken; selbst gesammelt oder aus dem Bastelladen)

Backpapier

300 g Zucker

40 g Traubenzucker mit Tropicalgeschmack

10 Tropfen Zitronenaroma

1/2 TL Zitronensäure

Zubereitungszeit
ca. 30 Minuten
(plus Wartezeiten)

Zubereitung

1 Die Muschelschalen vorbereiten und auf ein mit Backpapier ausgelegtes Blech legen.

2 75 Milliliter Wasser, Zucker und Traubenzucker in einem Topf mischen und bei geringer Hitze erwärmen, bis Zucker und Traubenzucker sich aufgelöst haben. Bei starker Hitze ohne Rühren zum Kochen bringen. Zuckerthermometer in den Topf hängen; sobald die Masse 152 °C erreicht, den Topf sofort vom Herd nehmen und kurz in kaltes Wasser tauchen.

3 Zitronenaroma und -säure einrühren und die Bonbonmasse in die vorbereiteten Muschelschalen gießen. Wird die Masse zu fest, noch einmal kurz erwärmen.

Variante *Wer keine Muschelschalen hat, kann die Bonbonmasse esslöffelweise auf leicht geölte Alufolie geben und so kleine unregelmäßige Bonbons herstellen. Die Bonbonmasse kann auch in Esslöffel gegossen werden, um so »Löffellollis« herzustellen.*

Bärchenschlecker

Zubereitung

1 Spieße mit 8 Zentimetern Abstand zueinander auf Backpapier legen. Jeweils 1 Gummibärchen am oberen Ende aufspießen. Eine Silikonmatte (oder eine Marmorplatte) mit wenig Öl bestreichen.

2 75 Milliliter Wasser, Zucker und Traubenzucker in einem Topf mischen und bei geringer Hitze erwärmen, bis Zucker und Traubenzucker sich aufgelöst haben. Bei starker Hitze ohne Rühren zum Kochen bringen. Zuckerthermometer in den Topf hängen; sobald die Masse 152 °C erreicht, den Topf sofort vom Herd nehmen und kurz in kaltes Wasser tauchen.

3 Die Zuckermasse auf die Silikonmatte gießen und Zitronensäure einstreuen. Mit einem geölten Spachtel die Masse vom Rand zur Mitte hin immer wieder zusammenfalten. Mithilfe der Matte die Masse so lange übereinanderschlagen, bis sie gut verarbeitet werden kann. Je 1 Esslöffel Bonbonmasse auf ein Gummibärchen geben und erkalten lassen.

4 Schlecker einzeln in Zellophanfolie wickeln, da sie schnell klebrig werden.

Zutaten für ca. 30 Stück

30 Holzspieße (ca. 15 cm lang)

Backpapier

30 große Gummibärchen

neutrales Öl zum Verarbeiten

300 g Zucker

40 g Traubenzucker mit Johannisbeergeschmack

1/2 TL Zitronensäure

Zubereitungszeit
ca. 45 Minuten
(plus Wartezeiten)

Pharisäerbonbons

Zutaten für ca. 40 Stück

Backpapier
neutrales Öl zum Verarbeiten
3–4 EL Rum
3 EL lösliches Kaffeepulver
200 g Krümelkandis
1 EL Glukosesirup
200 g Sahne

Zubereitungszeit
ca. 30 Minuten
(plus Wartezeiten)

Zubereitung

1 Backpapier in eine hitzebeständige Form geben (ca. 20 mal 20 Zentimeter) und mit wenig Öl bepinseln. Den Rum erhitzen und das Kaffeepulver darin auflösen.

2 75 Milliliter Wasser, Kandis und Glukosesirup in einem Topf mischen und erhitzen, bis sich der Kandis aufgelöst hat. Sahne zufügen und Zuckerthermometer in den Topf hängen. Sobald die Masse 130 °C erreicht hat, den Topf vom Herd nehmen und Rum und Kaffee einrühren.

3 Die Zuckermasse auf das Backpapier gießen und abkühlen lassen. Sobald die Masse fest zu werden beginnt, mit einem geölten Spachtel die Masse in kleine Bonbons teilen.

4 Wenn die Masse völlig erstarrt ist, die Bonbons in Stücke brechen. Bonbons in Gläser oder Tüten füllen.

Tipp *Die Bonbons zusammen mit einem kleinen Schildchen mit der Aufschrift »Einladung zum Kaffeeklatsch« in einen Zellophanbeutel geben und diesen mit einem bunten Band verschließen – schon ist sie fertig, die kreative Einladung zur Kaffeerunde.*

Salmiakbonbons

Zutaten für ca. 70 Stück

neutrales Öl zum Verarbeiten
10 g extrastarke Salmiakpastillen
400 g Zucker
2 EL Glukosesirup
5 Tropfen Anisöl (kann auch weggelassen werden)
60 g kleine Salmiakecken
Backpapier

Zubereitungszeit
ca. 30 Minuten
(plus Wartezeiten)

Zubereitung

1 Eine Silikonmatte (oder eine Marmorplatte) mit wenig Öl bestreichen. Salmiakpastillen in einem Mörser sehr fein zerstoßen.

2 100 Milliliter Wasser, Zucker und Glukosesirup in einem Topf mischen und ohne Rühren zum Kochen bringen. Zuckerthermometer in den Topf hängen; sobald die Masse 152 °C erreicht, den Topf sofort vom Herd nehmen und kurz in kaltes Wasser tauchen.

3 Die Zuckermasse auf die Silikonmatte gießen. Salmiakpulver und Anisöl auf die Masse geben und mit einem geölten Spachtel die Masse vom Rand zur Mitte hin immer wieder zusammenfalten. Salmiakecken zufügen und ebenfalls unterfalten. Mithilfe der Matte die Masse so lange übereinanderschlagen, bis sie gut verarbeitet werden kann.

4 Die Masse halbieren, einen Teil in eine Ecke der Silikonmatte schlagen und mit einem Geschirrtuch warm halten. Bonbonmasse zügig zu einer Rolle formen und mit einer Schere in kleine Stücke teilen. Die Stücke mit Abstand zueinander auf Backpapier geben und auskühlen lassen.

5 Die restliche Bonbonmasse wie beschrieben verarbeiten. Bonbons in Gläser oder Tüten füllen.

Waldmeisterlollis

Zubereitung

1 Eine Silikonmatte (oder eine Marmorplatte) mit wenig Öl bestreichen. Götterspeisenpulver in einem Topf mit 5 Esslöffeln Wasser verrühren. Die Masse erhitzen, bis sich das Pulver aufgelöst hat. In einem heißen Wasserbad warm halten.

2 50 Milliliter Wasser, Zucker und Glukosesirup in einem Topf mischen und ohne Rühren zum Kochen bringen. Zuckerthermometer in den Topf hängen; sobald die Masse 152 °C erreicht, den Topf sofort vom Herd nehmen und kurz in kaltes Wasser tauchen.

3 Götterspeisenmasse in den Topf geben, mit der Zuckermasse vermengen, dann die Mischung auf die Silikonmatte gießen. Zitronensäure auf die Masse geben und mit einem geölten Spachtel die Masse vom Rand zur Mitte hin immer wieder zusammenfalten. Mithilfe der Matte die Masse so lange übereinanderschlagen, bis sie gut verarbeitet werden kann.

4 Masse zügig zu einer Rolle formen, mit einer Schere in 16 Stücke teilen, diese zu Kugeln formen und auf Holzspieße stecken. Mit Abstand zueinander auf Backpapier geben und auskühlen lassen.

Variante *Um Lollis wie auf dem Cover herzustellen, ersetzt man das Götterspeisenpulver durch einige Tropfen Waldmeisteraroma (übers Internet erhältlich) und grüne Lebensmittelfarbe. Beide Zutaten mit der Zitronensäure in die Masse geben. 16 Holzspieße auf Backpapier verteilen, die Bonbonmasse auf die Spießspitzen gießen und abkühlen lassen.*

Zutaten für ca. 16 Stück

neutrales Öl zum Verarbeiten

1 Tüte Götterspeisenpulver mit Waldmeistergeschmack

300 g Zucker

1 EL Glukosesirup

1/2 TL Zitronensäure

16 Holzspieße (ca. 10 cm lang)

Backpapier

Zubereitungszeit
ca. 45 Minuten
(plus Wartezeiten)

Dieses Rezept finden Sie auf dem Cover abgebildet.

Fudge, Karamell & Co.

Hier kommen die »softeren« Seiten der Süße, was sie ganz und gar nicht weniger spannend macht! Weiches Pecan-Ahornsirup-Fudge, herrlich cremiges Salz-Karamell-Toffee und fruchtig-knackiges Schoko-Kirsch-Fudge mit Amarettini werden Sie zum großen Fan dieser Sahnestücke machen.

Kokosfudgekugeln

Zutaten für ca. 35 Stück

neutrales Öl zum Verarbeiten
175 ml Kokosmilch
250 g Zucker
2 EL Glukosesirup
50 g Butter
2 EL Instantkokospulver
30 g Kokosraspel
Backpapier

Zubereitungszeit
ca. 50 Minuten
(plus Wartezeiten)

Zubereitung

1 Eine Silikonmatte (oder eine Marmorplatte) mit wenig Öl bestreichen.

2 Kokosmilch, Zucker, Glukosesirup und Butter in einem Topf verrühren und unter ständigem Rühren zum Kochen bringen. Sobald die Masse zu karamellisieren beginnt, den Topf kurz in kaltem Wasser abschrecken und die Masse auf die Silikonmatte geben.

3 Kokospulver auf die Masse streuen und mit einem geölten Spachtel die Masse vom Rand zur Mitte hin immer wieder zusammenfalten. Mithilfe der Matte die Masse so lange übereinanderschlagen, bis sie gut verarbeitet werden kann.

4 Die Kokosmasse zu einer Rolle formen und in ca. 35 Stücke teilen. Diese mit den Händen zu Kugeln rollen und in den Kokosraspeln wälzen. Auf ein mit Backpapier ausgelegtes Blech geben und abkühlen lassen.

5 Die Fudgekugeln halten sich kühl und trocken gelagert etwa 2 Wochen.

Dieses Rezept finden Sie auf Seite 36 rechts abgebildet.

Erdnussfudge

Zubereitung

1 Zucker, Glukosesirup und Sahne in einem Topf vermengen. Die Masse langsam erhitzen, bis sich der Zucker aufgelöst hat. Das Zuckerthermometer in den Topf hängen.

2 Erdnussbutter in den Topf geben und die Masse unter ständigem Rühren erhitzen, bis das Zuckerthermometer 115 °C erreicht hat. Topf vom Herd nehmen.

3 Erdnüsse unterrühren und die Masse mit einem Holzlöffel so lange schlagen, bis sie dick-cremig wird. Sofort in eine mit Backpapier ausgelegte hitzebeständige Form (ca. 15 mal 15 Zentimeter) geben und glatt streichen. Die Masse abkühlen lassen und in ca. 40 Stücke schneiden.

4 Das Erdnussfudge hält sich kühl und trocken gelagert etwa 2 Wochen.

Variante *Für Schokoladenfans die Würfel noch in 300 Gramm geschmolzene Zartbitterkuvertüre tauchen.*

Zutaten für ca. 40 Stück

250 g Zucker

2 EL Glukosesirup

75 g Sahne

50 g Erdnussbutter

50 g geröstete und gesalzene Erdnüsse

Backpapier

Zubereitungszeit
ca. 30 Minuten
(plus Wartezeiten)

Weißes Kaffeefudge

Zutaten für ca. 60 Stück

400 g weiße Kuvertüre
30 g Butter
150 ml Kondensmilch (10 %)
340 g Zucker
1 Prise Salz
Backpapier
1 EL Instantespressopulver

Zubereitungszeit
ca. 30 Minuten
(plus Wartezeiten)

Zubereitung

1 Kuvertüre grob hacken. Butter, Kondensmilch, Zucker und Salz in einen Topf geben und aufkochen. Kuvertüre zufügen und unter Rühren schmelzen lassen.

2 Den Topf vom Herd nehmen und die Masse mit einem Holzlöffel so lange schlagen, bis sie dick-cremig wird. Sofort in eine mit Backpapier ausgelegte hitzebeständige Form (ca. 25 mal 17 Zentimeter) geben und glatt streichen.

3 Espressopulver auf die Oberfläche streuen und die Masse abkühlen lassen. In ca. 60 Stücke schneiden.

4 Das Kaffeefudge hält sich kühl und trocken gelagert etwa 2 Wochen.

Variante *Die Oberfläche mit 2 Esslöffeln zerstoßenen Espressobohnen bestreuen.*

Schoko-Kirsch-Fudge mit Amarettini

Zubereitung

1 Kuvertüre grob hacken. Butter, Puderzucker, Kondensmilch und Kuvertüre in einen Topf geben. Kuvertüre bei schwacher Hitze unter Rühren schmelzen lassen.

2 Den Topf vom Herd nehmen, die Masse mit einem Holzlöffel so lange schlagen, bis sie dick-cremig wird. Amarenakirschen und Amarettini unterrühren, sofort in eine mit Backpapier ausgelegte hitzebeständige Form (ca. 25 mal 14 Zentimeter) geben und glatt streichen.

3 Das Fugde kalt stellen und erst dann in ca. 60 Würfel schneiden.

4 Das Schokofudge hält sich kühl und trocken gelagert etwa 2 Wochen.

Variante *Statt der Amarenakirschen getrocknete Kirschen und anstatt der Amarettini gehackte Biscotti verwenden.*

Zutaten für ca. 60 Stück

400 g Zartbitterkuvertüre

20 g Butter

150 g Puderzucker

75 ml Kondensmilch (10 %)

100 g Amarenakirschen (gut abgetropft)

50 g Amarettini

Backpapier

Zubereitungszeit
ca. 30 Minuten
(plus Wartezeiten)

Schoko-Mandel-Fudge

Zutaten für ca. 40 Stück

100 g Mandelkerne mit Haut
50 g Kakaopulver
400 g Zucker
230 ml Kondensmilch (10 %)
2 EL Butter
6–8 Tropfen Bittermandelaroma
Backpapier

Zubereitungszeit
ca. 30 Minuten
(plus Wartezeiten)

Zubereitung

1 Mandelkerne in einer Pfanne ohne Fett rösten, bis sie duften.

2 Kakaopulver sieben. Zucker, Kondensmilch und Kakaopulver in einem Topf vermengen. Die Masse langsam erhitzen, bis sich der Zucker aufgelöst hat. Das Zuckerthermometer in den Topf hängen.

3 Die Masse unter ständigem Rühren erhitzen, bis das Zuckerthermometer 115 °C erreicht hat. Topf vom Herd nehmen, Mandeln, Butter und Mandelaroma einrühren. Sofort in eine mit Backpapier ausgelegte hitzebeständige Form (ca. 20 mal 20 Zentimeter) geben und glatt streichen. Die Masse abkühlen lassen und in ca. 40 Stücke schneiden.

4 Das Schoko-Mandel-Fudge hält sich kühl und trocken gelagert etwa 2 Wochen.

Variante *Jede andere Nusssorte kann man auch verwenden. Einen indischen Touch bekommt das Ganze, wenn man den Mandeln gegen Ende des Röstens noch 1/2 Teelöffel Currypulver zufügt.*

Schnelles Schokofudge

Zutaten für ca. 50 Stück

450 g Zartbitterkuvertüre
1 EL Butter
400 ml gesüßte Kondensmilch
200 g Studentenfutter
Backpapier

Zubereitungszeit
ca. 30 Minuten
(plus Wartezeiten)

Zubereitung

1 Die Kuvertüre grob hacken und mit der Butter über einem heißen Wasserbad schmelzen lassen. Kondensmilch unterrühren und zum Schluss das Studentenfutter unterheben.

2 Die Masse auf ein mit Backpapier ausgelegtes Backblech geben und etwa 2 Zentimeter dick glatt streichen. Das Fudge auskühlen lassen, mit Frischhaltefolie abdecken und kalt stellen. Vor dem Servieren in kleine Würfel schneiden.

Varianten *Für die Erwachsenen kann man auch 3 bis 4 Esslöffel Mandellikör, Weinbrand oder Himbeergeist zufügen.*
Wer es sehr knusprig mag, kann 50 Gramm Cornflakes zufügen. Auch 200 Gramm gebrannte Mandeln können anstatt Studentenfutter untergemengt werden.

Dieses Rezept finden Sie auf Seite 36 links abgebildet.

Pecan-Ahornsirup-Fudge

Zubereitung

1 Pecannüsse in einer Pfanne ohne Fett rösten. Ahornsirup und Salz zufügen und den Sirup unter Rühren in der Pfanne einkochen lassen.

2 Butter, braunen Zucker und Kondensmilch in einen Topf geben und langsam erhitzen, bis sich der Zucker aufgelöst hat. Das Zuckerthermometer in den Topf hängen.

3 Unter ständigem Rühren die Masse kochen lassen, bis das Zuckerthermometer 115 °C erreicht hat. Den Topf kurz in kaltem Wasser abschrecken und die Masse mit einem Holzlöffel so lange schlagen, bis sie den Glanz verliert. Sofort in eine mit Backpapier ausgelegte hitzebeständige Form (ca. 10 mal 15 Zentimeter) geben und etwa 2 Zentimeter dick glatt streichen. Karamellisierte Pecannüsse auf der Oberfläche verteilen und fest andrücken.

4 Das Fudge abkühlen lassen, mit Frischhaltefolie abdecken und kalt stellen. Vor dem Servieren in kleine Würfel schneiden.

5 Das Pecan-Ahornsirup-Fudge hält sich kühl und trocken gelagert etwa 2 Wochen.

Zutaten für ca. 35 Stück

100 g Pecannusskerne
4 EL Ahornsirup
1 Prise Salz
20 g Butter
40 g brauner Zucker
400 ml gesüßte Kondensmilch
Backpapier

Zubereitungszeit
ca. 30 Minuten
(plus Wartezeiten)

Weißes Schoko-Erdnuss-Fudge

Zutaten für ca. 60 Stück

150 g cremige Erdnussbutter
Backpapier
400 g weiße Kuvertüre
30 g Butter
150 ml Kondensmilch (10 %)
340 g Zucker
1 Prise Salz
50 g Rice Krispies (ersatzweise Cornflakes)

Zubereitungszeit
ca. 40 Minuten
(plus Wartezeiten)

Zubereitung

1 Erdnussbutter ca. 1/2 Zentimeter dick auf Backpapier streichen und über Nacht einfrieren lassen. Anschließend die Erdnussbutter in kleine Würfel schneiden und bis zur weiteren Verwendung wieder ins Gefrierfach stellen.

2 Kuvertüre grob hacken. Butter, Kondensmilch, Zucker und Salz in einen Topf geben und aufkochen. Kuvertüre zufügen und unter Rühren schmelzen lassen.

3 Den Topf vom Herd nehmen und die Masse mit einem Holzlöffel so lange schlagen, bis sie dick-cremig wird. Erdnussbutterwürfel und Rice Krispies zügig untermengen. Die Masse sofort in eine mit Backpapier ausgelegte hitzebeständige Form (ca. 25 mal 17 Zentimeter) geben und glatt streichen.

4 Das Fudge abkühlen lassen, mit Frischhaltefolie abdecken und kalt stellen. Vor dem Servieren in ca. 60 Stücke schneiden.

5 Das Schoko-Erdnuss-Fudge hält sich kühl und trocken gelagert etwa 2 Wochen.

Claudia

Honig-Bananen-Fudge

Zutaten für ca. 35 Stück

200 g reife Bananen
2 EL Tannenhonig
1 EL Zitronensaft
200 g Walnusskerne
400 g Zucker
1 EL Glukosesirup
50 g Butter
1 Prise Salz
150 ml Kondensmilch (10 %)
Backpapier
400 g Vollmilch- oder Zartbitterkuvertüre

Zubereitungszeit
ca. 1 Stunde
(plus Wartezeiten)

Zubereitung

1 Bananen schälen und in kleine Würfel schneiden. Banane, Honig und Zitronensaft in einem Topf vermengen und unter Rühren etwa 10 Minuten dick-cremig einkochen. Walnüsse grob hacken.

2 Zucker, Glukosesirup und 20 Milliliter Wasser in einen Topf geben und langsam erhitzen, bis sich der Zucker aufgelöst hat. Butter, Salz und Kondensmilch zufügen und aufkochen. Zuckerthermometer in den Topf hängen, alles unter Rühren kochen, bis das Thermometer 125 °C anzeigt.

3 Topf vom Herd nehmen, die Bananenmasse und Walnüsse mit einem Holzlöffel einrühren und so lange schlagen, bis die Masse ihren Glanz verliert. Fudge in eine mit Backpapier ausgelegte hitzebeständige Form (ca. 10 mal 15 Zentimeter) geben und abkühlen lassen. Nach dem Erkalten in kleine Würfel schneiden.

4 Kuvertüre grob hacken und 2/3 über einem Wasserbad schmelzen (Vorsicht, die Kuvertüre darf nicht wärmer als 34 °C werden!). Restliche Kuvertüre untermengen.

5 Fudgewürfel kurz mit einer Gabel in die Kuvertüre tauchen, überschüssige Kuvertüre abstreichen und die Würfel auf einem Gitter fest werden lassen. Auf Backpapier setzen und völlig erstarren lassen.

6 Das Honig-Bananen-Fudge hält sich kühl und trocken gelagert etwa 2 Wochen.

Sahnekaramellen

Zubereitung

1 Eine Silikonmatte (oder eine Marmorplatte) mit wenig Öl bestreichen.

2 Zucker und Sahne in einem Topf vermengen. Die Masse langsam erhitzen, bis sich der Zucker aufgelöst hat. Temperatur erhöhen und die Masse kochen, bis sie karamellisiert: je dunkler die Masse, umso kräftiger das Karamellaroma. Doch Vorsicht: je dunkler, umso mehr Bitterstoffe!

3 Butter einrühren und die Masse anschließend auf die Silikonmatte gießen. Mit einem geölten Spachtel vom Rand zur Mitte hin immer wieder zusammenfalten. Mithilfe der Matte die Masse so lange übereinanderschlagen, bis sie gut verarbeitet werden kann.

4 Karamellmasse zu einer Rolle formen und mit einer Schere in kleine Stücke schneiden. Auf Backpapier mit Abstand zueinander abkühlen lassen.

5 Die Sahnekaramellen in Gläser oder Dosen füllen.

Zutaten für ca. 60 Stück

neutrales Öl zum Verarbeiten

300 g Zucker

150 g Sahne

15 g Butter

Backpapier

Zubereitungszeit
ca. 30 Minuten
(plus Wartezeiten)

Honigkaramellstangen

Zutaten für ca. 60 Stück

neutrales Öl zum Verarbeiten
250 g Zucker
75 g Honig
200 g Sahne
Backpapier

Zubereitungszeit
ca. 40 Minuten
(plus Wartezeiten)

Zubereitung

1 Eine Silikonmatte mit wenig Öl bestreichen. Zucker, Honig und Sahne in einem Topf vermengen. Die Masse langsam erhitzen, bis sich der Zucker aufgelöst hat. Das Zuckerthermometer in den Topf hängen.

2 Unter ständigem Rühren die Masse erhitzen, bis sie dunkelbraun karamellisiert (das Zuckerthermometer zeigt 140 °C). Topf vom Herd nehmen, in kaltem Wasser kurz abschrecken und die Masse sofort auf die Silikonmatte gießen.

3 Die Masse mit einem geölten Spachtel vom Rand zur Mitte hin immer wieder zusammenfalten. Mithilfe der Matte die Masse so lange übereinanderschlagen, bis sie gut verarbeitet werden kann.

4 Die Honigmasse zu 4 fingerdicken Rollen formen und in ca. 60 Stücke teilen.

5 Die Karamellen werden schnell klebrig und sollten daher einzeln in Zellophanfolie oder Backpapier gewickelt werden.

Variante *Das Schöne an diesem Rezept ist, dass man den Geschmack des Karamells durch verschiedene Honigsorten einfach verändern kann. Mit Tannenhonig bekommt man z. B. ein leicht herbes und kräftiges Aroma, während Lindenblüten- oder Kleehonig für angenehm mildes Aroma sorgen. Etwas ganz Spezielles ist der tasmanische Leatherwoodhonig, der ein sehr vollblumiges und exotisches Aroma bringt.*

Sesamkaramellen

Zutaten für ca. 50 Stück

50 g Sesamsaat
Backpapier
300 g Zucker
150 g Sahne
10 g Butter
5 Tropfen geröstetes Sesamöl

Zubereitungszeit
ca. 30 Minuten
(plus Wartezeiten)

Zubereitung

1 Sesamsaat in einer Pfanne ohne Fett goldbraun rösten. Eine hitzebeständige Form (ca. 15 mal 15 Zentimeter) mit Backpapier auslegen.

2 Zucker und Sahne in einem Topf vermengen. Die Masse langsam erhitzen, bis sich der Zucker aufgelöst hat. Temperatur erhöhen und die Masse kochen, bis sie karamellisiert: je dunkler die Masse, umso kräftiger das Karamellaroma. Doch Vorsicht: je dunkler, umso mehr Bitterstoffe!

3 Butter und Sesamöl in die Masse rühren und anschließend die Mischung in die vorbereitete Form gießen. Mit Sesamsaat bestreuen und fest werden lassen. In die schnittfeste Masse mit einem geölten Messer Quadrate von ca. 2 mal 2 Zentimetern drücken. Wenn die Masse völlig erstarrt ist, Karamell in kleine Bonbons brechen.

Variante *Anstatt der hellen Sesamsaat kann als besonderer Hingucker auch dunkle verwendet werden.*

Espressokaramellen

Zutaten für ca. 60 Stück

2 TL lösliches Espressopulver
300 g Zucker
1 EL Glukosesirup
150 g Sahne
15 g Butter
Backpapier

Zubereitungszeit
ca. 30 Minuten
(plus Wartezeiten)

Zubereitung

1 Eine Silikonmatte (oder eine Marmorplatte) mit wenig Öl bestreichen.

2 Espressopulver, Zucker, Glukosesirup und Sahne in einem Topf vermengen. Die Masse langsam erhitzen, bis sich der Zucker aufgelöst hat. Temperatur erhöhen und die Masse kochen, bis sie karamellisiert: je dunkler die Masse, umso kräftiger das Karamellaroma. Doch Vorsicht: je dunkler, umso mehr Bitterstoffe!

3 Butter einrühren und die Masse auf die Silikonmatte gießen. Mit einem geölten Spachtel vom Rand zur Mitte hin immer wieder zusammenfalten. Mithilfe der Matte die Masse so lange übereinanderschlagen, bis sie gut verarbeitet werden kann.

4 Karamellmasse zu einer Rolle formen und mit einer Schere in kleine Stücke schneiden. Auf Backpapier mit Abstand zueinander abkühlen lassen.

5 Die Espressokaramellen in Gläser oder Dosen füllen.

Vanilletoffee

Zubereitung

1 Die Vanilleschote längs einritzen und das Mark herauskratzen.

2 Zucker, Butter, Kondensmilch und Vanillemark in einem Topf vermengen. Die Masse langsam erhitzen, bis sich der Zucker aufgelöst hat. Das Zuckerthermometer in den Topf hängen.

3 Unter ständigem Rühren die Masse erhitzen, bis das Zuckerthermometer 115 °C erreicht hat. Topf vom Herd nehmen. Sofort in eine mit Backpapier ausgelegte hitzebeständige Form (ca. 10 mal 20 Zentimeter) geben und glatt streichen.

4 Die Masse abkühlen lassen und in ca. 40 Stücke schneiden.

5 Das Vanilletoffee hält sich kühl und trocken gelagert etwa 2 Wochen.

Dieses Rezept finden Sie auf dem Cover abgebildet.

Zutaten für ca. 40 Stück

1 Vanilleschote

250 g Zucker

70 g Butter

160 ml Kondensmilch (10 %)

Backpapier

Zubereitungszeit
ca. 30 Minuten
(plus Wartezeiten)

Haselnusstoffee

Zutaten für ca. 30 Stück

100 g Haselnusskerne
125 g Zucker
70 g gesalzene Butter
100 ml gesüßte Kondensmilch
Backpapier

Zubereitungszeit
ca. 30 Minuten
(plus Wartezeiten)

Zubereitung

1 Haselnüsse grob hacken und in einer Pfanne ohne Fett rösten, bis sie duften.

2 Zucker und 2 Esslöffel Wasser langsam erhitzen, bis sich der Zucker aufgelöst hat. Butter und Kondensmilch in den Topf geben.

3 Unter ständigem Rühren die Masse erhitzen, bis die Masse hellbraun karamellisiert. Nüsse untermengen, die Masse sofort in eine mit Backpapier ausgelegte hitzebeständige Form (ca. 18 mal 13 Zentimeter) geben und glatt streichen. Die Masse abkühlen lassen und in 30 Stücke schneiden.

4 Das Haselnusstoffee hält sich kühl und trocken gelagert etwa 2 Wochen.

Varianten *Zu Weihnachten schmecken die Toffees wunderbar mit 1/2 Teelöffel Zimtpulver, das der Masse gleichzeitig mit den Nüssen zugefügt wird. Geröstete Mandeln sind dann ein guter Ersatz für die Haselnüsse.*
Für Pinienkerntoffee 125 Gramm Pinienkerne in einer Pfanne rösten, bis sie duften. 125 Gramm Zucker und 2 Esslöffel Wasser langsam erhitzen, bis sich der Zucker aufgelöst hat. 50 Gramm gesalzene Butter, 2 Esslöffel Olivenöl und 100 Milliliter gesüßte Kondensmilch in den Topf geben. Dann wie oben unter Punkt 3 weiterverfahren. Hält sich kühl und trocken gelagert etwa 2 Wochen.

Herrenkugeln

Zutaten für ca. 40 Stück

150 ml Kondensmilch (10 %)
250 g Zucker
10 EL dunkler Rübensirup
50 g Kakaopulver
30 g Butter
Backpapier
400 g Zartbitterkuvertüre

Zubereitungszeit
ca. 1 Stunde
(plus Wartezeiten)

Dieses Rezept finden Sie auf Seite 2 (Mitte) abgebildet.

Zubereitung

1 Kondensmilch, Zucker und Rübensirup in einen Topf geben und die Masse langsam erwärmen, bis sich der Zucker aufgelöst hat.

2 Kakaopulver sieben und mit der Butter in den Topf geben. Alles aufkochen und das Zuckerthermometer in den Topf hängen. Unter ständigem Rühren kochen, bis 125 °C erreicht sind. Sofort in eine mit Backpapier ausgelegte hitzebeständige Form (ca. 20 mal 20 Zentimeter) geben und abkühlen lassen. Über Nacht kalt stellen.

3 Aus der Schokomasse 2 Rollen formen und diese in insgesamt ca. 40 Stücke teilen. Aus den Stücken Kugeln rollen. Die Masse zwischendurch immer wieder kalt stellen, damit sie nicht zerläuft. Alle Kugeln mindestens 1 Stunde kalt stellen.

4 Kuvertüre grob hacken und 2/3 über einem Wasserbad schmelzen. Vorsicht, die Kuvertüre darf nicht wärmer als 36 °C werden. Restliche Kuvertüre untermengen.

5 Schokokugeln kurz mit einer Gabel in die Kuvertüre tauchen, überschüssige Kuvertüre abstreichen und die Kugeln auf einem Gitter fest werden lassen. Auf Backpapier setzen und völlig erstarren lassen.

6 Die Herrenkugeln halten sich kühl und trocken zwischen Lagen von Backpapier aufbewahrt etwa 2 Wochen.

Ingwer-Kokos-Toffee

Zutaten für ca. 40 Stück

40 g kandierter Ingwer
500 g Zucker
60 g Butter
200 ml Kondensmilch (10 %)
10 ml Kokosmilch
Backpapier

Zubereitungszeit
ca. 40 Minuten
(plus Wartezeiten)

Zubereitung

1 Kandierten Ingwer in sehr kleine Würfel schneiden.

2 Zucker in einem breiten Topf langsam karamellisieren lassen. Butter, Kondensmilch und Kokosmilch zufügen und bei geringer Hitze erwärmen, bis sich der Zucker aufgelöst hat. Das Zuckerthermometer in den Topf hängen.

3 Die Masse unter ständigem Rühren erhitzen, bis das Zuckerthermometer 115 °C erreicht hat. Topf vom Herd nehmen und kurz in kaltem Wasser abschrecken.

4 Ingwerwürfel einrühren und die Masse mit einem Holzlöffel so lange schlagen, bis sie nicht mehr glänzt. Das Toffee in eine mit Backpapier ausgelegte hitzebeständige Form (ca. 20 mal 20 Zentimeter) geben und glatt streichen. Die Masse abkühlen lassen und in ca. 40 Stücke schneiden.

5 Das Ingwer-Kokos-Toffee hält sich kühl und trocken gelagert etwa 2 Wochen.

Dieses Rezept finden Sie auf Seite 2 rechts abgebildet.

Salz-Karamell-Toffee

Zutaten für ca. 40 Stück

500 g Zucker
60 g Butter
200 ml Kondensmilch (10 %)
10 ml Vollmilch
1/2–1 TL Fleur de Sel
Backpapier

Zubereitungszeit
ca. 30 Minuten
(plus Wartezeiten)

Zubereitung

1 Zucker in einem breiten Topf langsam karamellisieren lassen. Butter, Kondensmilch und Milch zufügen und bei geringer Hitze erwärmen, bis sich der Zucker aufgelöst hat. Das Zuckerthermometer in den Topf hängen.

2 Unter ständigem Rühren die Masse erhitzen, bis das Zuckerthermometer 115 °C erreicht hat. Topf vom Herd nehmen und kurz in kaltem Wasser abschrecken.

3 Fleur de Sel einrühren und die Masse mit einem Holzlöffel so lange schlagen, bis sie nicht mehr glänzt. Das Toffee in eine mit Backpapier ausgelegte hitzebeständige Form (ca. 20 mal 20 Zentimeter) geben und glatt streichen. Die Masse abkühlen lassen und in ca. 40 Stücke schneiden.

4 Das Salz-Karamell-Toffee hält sich kühl und trocken gelagert etwa 2 Wochen.

Tipp *Einige der Karamellen in ein kleines Bügelglas geben und ein Schildchen mit der Aufschrift »Nervennahrung« daran befestigen – darüber freuen sich alle im Schul- oder Prüfungsstress.*

Rezeptregister

Über dieses Buch

Redaktionsleitung
Susanne Kirstein
Projektleitung
Eva Wagner
Gesamtproducing
v*büro – Jan-Dirk Hansen, München
Redaktion
Nicola von Otto, Text & Form, München
Bildredaktion
Annette Mayer
Korrektorat
Susanne Langer
Umschlag- und Verpackungsgestaltung, Sourcing
Norbert Pautner, Berlin
Litho
Artilitho snc, Lavis (Trento)
Druck und Verarbeitung
Anpak Printing Ltd., Hongkong

Printed in China

MIX
Papier aus verantwortungsvollen Quellen
FSC www.fsc.org FSC® C017997

Verlagsgruppe Random House FSC-DEU-0100
Das für dieses Buch verwendete Papier ist FSC®-zertifiziert.

ISBN 978-3-517-08678-1
817 2635 4453 6271

Über die Autorin

Hege Marie Köster ist gelernte Köchin und arbeitet zurzeit als kochende Redakteurin und Foodstylistin in der Versuchsküche des Magazins essen & trinken aus dem Verlagshaus Gruner + Jahr. Ihre Leidenschaft für Kuchen und Desserts hat sie im Ocean Reef Club in Florida entdeckt. Dort wurde sie Souschefin der Patisserie und hat seitdem immer in der süßen Ecke der Küche gearbeitet. Hege Marie Köster ist Norwegerin, verheiratet und Mutter von zwei Kindern.

Hinweis

Die Ratschläge/Informationen in diesem Buch sind von Autorin und Verlag sorgfältig erwogen und geprüft, dennoch kann eine Garantie nicht übernommen werden. Eine Haftung der Autorin bzw. des Verlags und seiner Beauftragten für Personen-, Sach- und Vermögensschäden ist ausgeschlossen.

Impressum

Bildnachweis

Fotografie: Michael Holz, Hamburg
Foodstyling Cover: Hege Marie Köster, Hamburg
Foodstyling Innenteil: Claudia Seifert, Hamburg
Requisite: Isabel de la Fuente, Hamburg